Made in the USA
Middletown, DE
02 February 2020

84065715R00056